BEI GRIN MACHT SICH IHR WISSEN BEZAHLT

Schulsozialarbeit: Wie kann Kooperation mit Lehrkräften gelingen?

Tim Winkelmann

GRIN

Bibliografische Information der Deutschen Nationalbibliothek:

Die Deutsche Nationalbibliothek verzeichnet diese Publikation in der Deutschen Nationalbibliografie; detaillierte bibliografische Daten sind im Internet über http://dnb.d-nb.de abrufbar.

ISBN: 9783346514950
Dieses Buch ist auch als E-Book erhältlich.

© GRIN Publishing GmbH
Nymphenburger Straße 86
80636 München

Druck und Bindung: Books on Demand GmbH, Norderstedt Germany
Gedruckt auf säurefreiem Papier aus verantwortungsvollen Quellen

Das vorliegende Werk wurde sorgfältig erarbeitet. Dennoch übernehmen Autoren und Verlag für die Richtigkeit von Angaben, Hinweisen, Links und Ratschlägen sowie eventuelle Druckfehler keine Haftung.

Das Buch bei GRIN: https://www.grin.com/document/1139582

Inhaltsverzeichnis

Schulsozialarbeit: Wie kann Kooperation mit Lehrkräften gelingen?

1.Einleitung

Das Handlungsfeld der Schulsozialarbeit hat in den letzten Jahrzehnten zunehmend an Bedeutung gewonnen. Während im Jahr 1998 gerade einmal insgesamt 755 Personen in der gesamten Bundesrepublik Deutschland in diesem Bereich tätig waren, erhöhte sich dies innerhalb von 12 Jahren um knapp das Vierfache auf 3025 Schulsozialarbeiter*innen im Jahr 2010 (vgl. BUNDESMINISTERIUM FÜR FAMILIE, SENIOREN, FRAUEN UND JUGEND 2013, S. 330). Hinzu kommt, dass verschiedene Bundesländer Förderprogramme ins Leben gerufen haben, um die Schulsozialarbeit spezifisch zu fördern. So stellt das Bundesland Baden-Württemberg beispielsweise seit 2012 jährlich 15 Millionen Euro, seit 2014 sogar 25 Millionen Euro, zur Mitfinanzierung von Schulsozialarbeit im Rahmen des „Paktes für Familien mit Kinder" zur Verfügung (vgl. KOMMUNALVERBAND FÜR JUGEND UND SOZIALES BADEN-WÜRTTEMBERG, DEZERNAT JUGEND - LANDESJUGENDAMT 2018, S.3). Dies hat zur Folge, dass in den letzten Jahren eine Vielzahl an Stellen im Bereich der Schulsozialarbeit geschaffen wurde beziehungsweise auch in den kommenden Jahren geschaffen werden und somit immer mehr Fachkräfte der Sozialen Arbeit Anstellungen in der Schulsozialarbeit annehmen. Die Sozialarbeiter*innen, die diese Stellen antreten werden beziehungsweise schon angetreten haben, kommen in ihrem Berufsalltag zwangsläufig mit Lehrkräften in Berührung und müssen höchstwahrscheinlich auch mit ihnen gemeinsame Projekte durchführen und somit mit ihnen kooperieren. Seithe konstatierte bereits 1998 in ihrem Abschlussbericht „Jugendarbeit an Thüringer Schulen", dass der Erfolgsgrad eines Projektes der Schulsozialarbeit, ausgenommen der Einzelfallhilfe für sozial benachteiligte und/oder psychisch belastete Kinder und Jugendliche, maßgeblich von dem verwirklichten Ausmaß und der Qualität der Zusammenarbeit zwischen den Lehrkräften und den Schulsozialarbeiter*innen beeinflusst wird (vgl. 1998, S. 219). Dies wirft die Frage auf, wie in der Schulsozialarbeit Kooperation mit Lehrkräften gelingen kann.

Im Folgenden soll nun dieser Frage, auf Grundlagen von Literaturrecherche, nachgegangen werden. Zunächst muss dafür einmal das Handlungsfeld der Schulsozialarbeit eingegrenzt und definiert, deren Rechtsgrundlage herausgearbeitet und ihre genauen Aufgabenfelder erklärt werden. Anschließend sollen die unterschiedlichen, von Wulfers und Seithe entwickelten beziehungsweise differenzierten Modelle der Kooperation beleuchtet, gegeneinander abgewogen und verglichen, sowie auf ihre Anwendungszwecke geprüft werden. Zum Schluss werden mögliche Kooperationsbarrieren dargestellt und

Erklärungsansätze geliefert, die diese Hemmnisse der Zusammenarbeit einschränken können oder diese, aus Sicht der Schulsozialarbeit favorisierte Lösung, gänzlich beseitigen sollen.

2. Schulsozialarbeit

Um eine gelingende Zusammenarbeit zwischen Lehrkräften und Schulsozialarbeiter*innen zu beschreiben, muss zunächst einmal die vergleichsweise junge Profession der Schulsozialarbeit beleuchtet werden. Im Folgenden wird nun der Begriff der Schulsozialarbeit geklärt und definiert sowie über die Rechtsgrundlage informiert. Außerdem folgt eine Klärung der Aufgabenstellungen und Handlungsfelder der in der Schulsozialarbeit tätigen sozialpädagogischen Fachkräfte.

2.1 Definition und Begriffsklärung

Auffällig ist, dass sich bis heute in der fachlichen Diskussion auf noch keinen einheitlichen verwendeten und unumstrittenen Begriff, für die Tätigkeiten im Handlungsfeld der Schulsozialarbeit, geeinigt werden konnte. Am geläufigsten ist zwar der Begriff „Schulsozialarbeit", welcher von Maas 1966 aus der U.S.A. stammenden Begriff „school social work" abgeleitet und in den deutschsprachigen Raum eingeführt wurde. Dieser wurde 1971 von Abels in seiner Veröffentlichung in der Fachzeitschrift „Soziale Welt" unter dem Titel „Schulsozialarbeit. Ein Ausgleich von Sozialisationsdefiziten" aufgegriffen, dennoch wird je nach Bundesland oder Publikation ein anderer Terminus verwendet (vgl. SPECK 2014, S.35). Dies lässt sich einerseits auf die föderale Bildungsstruktur in Deutschland und die damit einhergehenden unterschiedlichen Landesförderprogramme zurückführen, andererseits aber auch auf die unterschiedliche Betonung des Hilfecharakters, die Begrenzungen auf den Wirkungsort Schule sowie den Versuch der Vermeidung, einer einseitigen Fokussierung auf eine bestimmte Zielgruppe, beispielsweise benachteiligte Schüler*innen. So impliziert der von Spies und Pötter 2011 verwendete Begriff „Soziale Arbeit an Schulen" einen Teilbereich der Jugendhilfe, welcher an Schulen tätig ist, sich aber nicht auf diese begrenzen lässt und nicht zwangsläufig fest an diesem verortet ist, wohingegen der im Bundesland Hessen gängige Terminus „Sozialarbeit in Schulen" auf ein Wirken sozialpädagogischer Fachkräfte als Teil des Systems Schule mit begrenztem Wirkungsort schließen lässt.

Ebenso ist in der Fachliteratur Schulsozialarbeit keine einheitliche und allgemein anerkannte Definition bezogen auf die Schulsozialarbeit zu finden. So deutet beispielsweise Drilling Schulsozialarbeit als ein

> „eigenständiges Handlungsfeld der Jugendhilfe, das mit der Schule in formalisierter und institutionalisierter Form kooperiert. Schulsozialarbeit setzt sich zum Ziel, Kinder und Jugendliche im Prozess des Erwachsenwerdens zu begleiten, sie bei einer für sie befriedigenden Lebensbewältigung zu unterstützen und ihre Kompetenzen zur Lösung von persönlichen und/oder sozialen Problemen zu fördern. Dazu adaptiert Schulsozialarbeit Methoden und Grundsätze der sozialen Arbeit auf das System Schule" (2004, S.95).

Somit ordnet Drilling die Schulsozialarbeit zwar der Jugendhilfe zu, betont aber gleichzeitig ihre Eigenständigkeit, aber auch die Kooperation auf institutioneller Basis sowie die Fokussierung auf Schüler*innen als primäre Zielgruppe.

Speck hingegen definiert:

> „Unter Schulsozialarbeit wird im Folgenden ein Angebot der Jugendhilfe verstanden, bei dem sozialpädagogische Fachkräfte kontinuierlich am Ort Schule tätig sind und mit Lehrkräften auf einer verbindlich vereinbarten und gleichberechtigten Basis zusammenarbeiten, um junge Menschen in ihrer individuellen, sozialen, schulischen und beruflichen Entwicklung zu fördern, dazu beizutragen, Bildungsbenachteiligungen zu vermeiden und abzubauen, Erziehungsberechtigte und LehrerInnen bei der Erziehung und dem erzieherischen Kinder- und Jugendschutz zu beraten und zu unterstützen sowie zu einer schülerfreundlichen Umwelt beizutragen" (2006, S.23)

Damit hebt Speck im Gegensatz zu Drilling hervor, dass neben den Schüler*innen auch die Erziehungsberechtigten und Lehrkräfte zum Klientel der Fachkräfte gehören. Ergänzend wird zudem die partnerschaftliche Zusammenarbeit zwischen Schulsozialarbeiter*innen und Lehrkräfte betont.

Schulsozialarbeit ist also ein umstrittener Terminus. Gleiches gilt für eine einheitliche und unumstrittene Definition. Als gemeinsamer Nenner der meisten Definitionen lässt sich herausfiltern, dass Schulsozialarbeit dem Handlungsfeld der Jugendhilfe zuzuordnen, in irgendeiner Form an beziehungsweise in der Schule anzusiedeln ist und Schüler*innen bei Problemstellungen zu helfen als ihre Aufgabe angesehen wird.

2.2 Rechtsgrundlage

Auch an einer klar ausformulierten Rechtsgrundlage scheint es der Schulsozialarbeit zu fehlen, denn sie ist als Handlungsfeld der Jugendhilfe zwar an das SGB VIII/KJHG (Achtes

3

Sozialgesetzbuch/Kinder- und Jugendhilfegesetz) gebunden, wir in diesem aber kein einziges Mal explizit als „Schulsozialarbeit" erwähnt. So gilt für die Schulsozialarbeit, für den Fall, dass sie eine Institution der Jugendhilfe ist, nach § 81 SGB VIII eine Zusammenarbeitsverpflichtung mit der Schule sowie nach §1 Absatz 3 Satz 4 der Auftrag der Schaffung beziehungsweise Erhaltung „positiver Lebensbedingungen für junge Menschen und ihrer Familien sowie [der] einer kinder- und familienfreundlichen Umwelt" (ebd.). Nach § 13 Absatz 1 SGB VIII, welcher die Rechtsgrundlagen für die schulbezogene Jugendsozialarbeit beschreibt, soll jenen jungen Menschen geholfen werden: „die zu Ausgleich sozialer Benachteiligung oder zur Überwindung individueller Beeinträchtigung in erhöhtem Maße auf Unterstützung angewiesen sind" (ebd.). Dies würde für die Schulsozialarbeit bedeuten, dass sie lediglich (sozial) benachteiligte und beeinträchtigte Schüler*innen als Klientel benennen darf. Diese Beschränkung scheint fachlich nicht sinnvoll und steht konträr zu dem Anspruch, eine sozialraum- und lebensweltorientierte Arbeit für alle Schüler*innen anzubieten. Daher ist fraglich, ob der § 13 SGB VIII eine tragfähige Rechtsgrundlage für die Schulsozialarbeit bietet (vgl. SPECK 2014, S. 70-72). Dem gegenüber steht die Möglichkeit der Rechtsgrundlage nach § 11 SGB VII, der die Grundlagen der schulbezogenen Jugendarbeit, sprich ein Förderangebot bezüglich der Entwicklung aller jungen Menschen, beschreibt.

So kann je nach Argumentation, gewünschtem Klientel und Förderungsanspruch eine andere Rechtsgrundlage benannt werden. Es fehlt somit an einer einheitlichen und klaren Rechtsgrundlage im Profil Schulsozialarbeit.

2.3. Aufgabenfelder

Der Erziehungswissenschaftler Eberhard Bolay benennt für die Schulsozialarbeit folgende Kernaufgaben:

Zunächst ist die Einzelfallhilfe, vornehmlich bezogen auf die Schüler*innen, zu nennen. Beratungsgespräche, welchen einen Großteil der Einzelfallhilfen ausmachen, richten sich jedoch nicht nur an Schüler*innen, sondern auch an Lehrkräften und Erziehungsberechtigte. Je nach Typus des Einzelfalls ist es sinnvoll, diesen mit sozialpädagogischer Gruppenarbeit, einer weiteren Kernaufgabe, zu koppeln. Diese kann unter anderem soziale Kompetenztrainings, berufsorientierende Angebote oder auch erlebnispädagogische Maßnahmen beinhalten. Des Weiteren gibt es die offenen und niederschwelligen Angebote außerhalb des Unterrichts. Diese können in Form eines Schülercafés, -clubs oder -treffs innerhalb des Schulgebäudes realisiert werden. Auch Klassenprojekte oder sozialpädagogische Angebote in AGs sind zu den Aufgaben der Schulsozialarbeit zu zählen.

Außerdem ist ein Gemeinwesensbezug zu leisten, was bedeutet, dass die Schulsozialarbeit sich nicht ausschließlich auf den Standort Schule fokussieren sollte, sondern sich an den Problemen der Lebenswelten der Kinder und Jugendlichen zu orientieren hat und eine Vernetzung im Sozialraum mit der örtlichen Jugendhilfe herbeiführen soll. Dies schließt die Kooperationen mit Institutionen der offenen und mobilen Kinder- und Jugendarbeit und dem Allgemeinen Sozialdienst (ASD) ein. Die Schulsozialarbeit hat ebenfalls einen Beitrag zur Schulentwicklung zu leisten, welches durch Mitwirken an Konferenzen und Gremien, sowie Schulprogrammarbeit bewerkstelligt werden kann (vgl. 2004, S. 147-162).

Speck merkt zudem an, dass die oben beschriebenen Aufgaben lediglich als „Pflichtaufgaben", also gewissermaßen als Mindestanforderung, verstanden werden dürfen und somit eine Erweiterung von Projekten, bei Bedarf, nicht auszuschließen ist (vgl. 2014, S. 84). Dies unterstreicht die Vielzahl an unterschiedlichen Aufgaben, die die Schulsozialarbeiter*innen in ihrem Berufsalltag zu bewältigen haben.

3. Kooperationsmodelle

Speck betont in seiner oben genannten Definition von Schulsozialarbeit bereits die gleichberechtigte Zusammenarbeit von Lehrkräften und Schulsozialarbeiter*innen. Die Kooperation beider Berufszweige, beziehungsweise die Kooperation der Jugendhilfe mit dem System Schule, ist bereits seit Anfang der siebziger Jahre des letzten Jahrhunderts eines der am meist diskutiertesten Themen im Handlungsfeld der Schulsozialarbeit (vgl. SPECK 2014, S.112). Wilfried Wulfers beschreibt 1996 drei Modelle, die die Kooperation zwischen der Jugendhilfe und der Schule darstellen: das Distanzmodell, das Integrations- beziehungsweise Subordinationsmodell und das Kooperationsmodell. Diese wurden 1998 von der Psychologin und Sozialarbeiterin Mechtild Seithe auf jeweils zwei

differenziertere Submodelle erweitert, sowie um ein weiteres ergänzt.

3.1 Distanzmodell

Bei diesem Modell der Kooperation bleibt die Trennung der Bereiche Schule und Jugendhilfe weitgehend bestehen und beschreibt somit die ursprüngliche Kooperationsart beider Professionen. Damit erhält die Schulsozialarbeit zwar ein Höchstmaß an Autonomie, dementgegen bleibt sie aber bei Veränderungen im Schulsystem und dessen Abläufe weitgehend ausgeschlossen. Kontakt beider Parteien ist möglich, findet jedoch nur selten statt und wird meist im Voraus geplant, so dass spontane Treffen zu den Ausnahmen zählen. Die Transparenz beider Bereiche ist ebenfalls gering (vgl. KRÜGER 2009, S.158; SCHMIDTCHEN, 2005, S.50; SEITHE 1998, S46). Speck betont die sehr kritische Haltung, die Jugendhilfe und Schule in Bezug auf den jeweils anderen einnehmen, sowie die Kontaktlosigkeit als Hauptcharakteristika dieses Modells (vgl. 2014, S. 115).

Die unterschiedliche Sichtweisen und Haltungen von Seiten der Lehrkräfte und der sozialpädagogischen Fachkräfte veranlassten Seithe, dieses Modell 1998 weiter zu differenzieren und zwischen einem additiv-destruktiven und einem additiv-konstruktiven Kooperationsmodell zu unterscheiden.

Kennzeichnend für das additiv- destruktive Kooperationsmodell ist einerseits die Grundstimmung, die sich als überwiegend distanziert, misstrauisch und negativ zusammenfassen lässt sowie die nicht vorhandenen Berührungspunkte zwischen der Schulsozialarbeit und der Schule (vgl. SEITHE 1998, S.217).

Dementgegen steht das additiv- konstruktive Kooperationsmodell. Auch bei diesem Modell sind die Berührungspunkte nur spärlich, wenn überhaupt vorhanden, aber die Grundstimmung ist positiver, denn die Haltung der Schulsozialarbeiter*innen und Lehrkräfte ist geprägt von einer grundsätzlichen Akzeptanz der jeweils anderen Profession (vgl. SEITHE 1998, S. 217).

Beide Modelle werden meist dann im Alltag realisiert, wenn die Schulsozialarbeiter*innen freizeitpädagogische Projekte durchführen (vgl. SPECK 2014, S. 115).

3.2 Integrations-/Subordinationsmodell

Bei dieser Form der Kooperation wird die Schulsozialarbeit den Zwecken der Schule und den Erwartungen der Lehrkräfte untergeordnet, sie wird oftmals nur auf die Funktion reduziert, Probleme und Störungsfaktoren zu reduzieren beziehungsweise zu eliminieren, um einen reibungslosen Ablauf innerhalb der Schule zu garantieren. Damit ist die Schulsozialarbeit in diesem Modell im Gegensatz zum Distanzmodell nicht mehr von der Institution Schule getrennt, sondern wird eher von dieser einverleibt und verliert somit an Eigenständigkeit (vgl. DRILLING 2004, S.66; KRÜGER 2009, S.158; SPECK 2014, S.115).

Das Subordinationsmodell entspricht dem von Seithe definierten integrativen Modell „Hilfslehrkraft". Hierbei wird die Schulsozialarbeit von der Schule als Lückenfüller angesehen und mit Aushilfsfunktionen versehen, wie zum Beispiel Pausenaufsichten, Vertretungsunterricht bei Krankheitsfällen oder auch der Betreuung während der

Hausaufgabenzeit. Somit wird die Schulsozialarbeit komplett den Bedürfnissen der Schule untergeordnet und verliert daher ihre Autonomie, weshalb sozialpädagogisches Intervenieren nur beschränkt möglich ist. Dadurch gelingt es den Schulsozialarbeiter*innen nicht, ein eigenständiges Jugendhilfeprofil zu entwickeln und im Schulsystem zu Veränderungen beizutragen (vgl. DRILLING 2004, S. 67; SEITHE 1998, S. 217; SPECK 2006, S. 269).

Dementgegen steht das integrative Modell „sozialpädagogische Schule", bei dem die Schulsozialarbeit vollständig in die Schule eingebunden und nicht nur auf Aushilfszwecke reduziert wird. Kennzeichnend für dieses Modell ist der hohe Grad an Kooperation und Kontaktdichte, sowie ein transparentes Vorgehen beider Professionen. Die Schulsozialarbeiter*innen werden als willkommene Verstärkungskapazität angesehen und mit sozialpädagogischen Aufgaben, beispielsweise dem Unterrichten von Vorklassen, direkt von der Schule bedacht (vgl. SEITHE 1998, S. 46).

Anwendung im Berufsalltag finden beide Modelle meist dann, wenn eine Konzentration von Seiten der Schulsozialarbeit auf Interventionen bezüglich (sozial) benachteiligter und/oder (im Unterricht) auffälliger Schüler*innen erfolgt und die Trägerschaft der Schulsozialarbeit bei der Schulbehörde liegt (vgl. DRILLING 2004, S.66; SPECK 2014, S. 115).

3.3 Kooperative Modelle

Kennzeichnend für dieses Kooperationsmodell ist die Partnerschaft zwischen Lehrkräften und Schulsozialarbeiter*innen, welche auf Gleichberechtigung beruht. Hierbei ist anzumerken, dass dennoch eine klare Teilung der Aufgabenbereiche, im Gegensatz zu den integrativen Modellen, von Schulsozialarbeit und Schule erfolgt. Die Aufgabenfelder werden als gleich wichtig und wertig eingestuft, wobei Schulsozialarbeiter*innen und Lehrkräfte sich fachlich ergänzen. So werden arbeitsteilig Probleme gelöst, beziehungsweise zu deren Lösung beigetragen. Dies kann nur durch ständigen Kontakt und Informationsaustausch sowie Transparenz zwischen den Lehrkräften und den Fachkräften der Schulsozialarbeit bewerkstelligt werden. Außerdem erfordert dieses Modell der Kooperation ein Mindestmaß an gegenseitiger Neugier (vgl. KRÜGER 2009, S. 158; SEITHE 1998, S.47). Je nach dem Grad des Bemühens an einer Zusammenarbeit unterscheidet Seithe zwischen einem Zusammenarbeitsmodell mit sporadischer Kooperation und einem mit konstitutiver Kooperation (vgl. 1998, S. 217).

Das Zusammenarbeitsmodell mit sporadischer Kooperation ist durch die Bemühungen von Schulsozialarbeit und Schule, aufeinander zuzugehen und zu kooperieren, gekennzeichnet. Der Kooperation wird von beiden Seiten aus einem hohen Grad an Wichtigkeit beigemessen und eine tatsächliche Zusammenarbeit erfolgt in einigen Bereichen (vgl. DRILLING 2004, S. 67; SEITHE 1998, S.217).

Das Zusammenarbeitsmodell mit konstitutiver Kooperation stellt dem eine Intensivierung der Kooperationsbemühungen von Schule und Schulsozialarbeit entgegen. Als zentrales Merkmal ist die Zusammenarbeit zwischen den Lehrkräften und den Schulsozialarbeiter*innen zu nennen, die beidseitig als elementar betrachtet wird (vgl. SEITHE 1998, S. 218). Drilling sieht in diesem Zusammenarbeitsmodell den Idealtypus, denn nur so kann im Interesse der Schüler*innen gehandelt und mögliche Differenzen beseitigt und eine Qualitätsentwicklung geleistet werden (vgl. 2004, S. 66f).

3.4 Delegatives Kooperationsmodell

Bei diesem Modell der Zusammenarbeit ist die Schulsozialarbeit, im Gegensatz zum Integrations- und Subordinationsmodell, nicht dem System Schule untergeordnet, sondern bleibt eine eigenständige Profession. Dennoch hat sie keinerlei Möglichkeit über ihre Arbeitsschritte und Ziele selbst zu entscheiden, denn die Schule schreibt der Schulsozialarbeit ihre Aufgaben vor, die aus schulischer Sicht bearbeitet werden müssen und hat auch die Entscheidungsgewalt über das Klientel. Dies läuft darauf hinaus, dass es häufig zu Kontakt zwischen Schule und Schulsozialarbeit kommt, dieser aber recht einseitig, von der Institution Schule dominiert, verläuft. Der Austausch von (relevanten) Informationen findet so gut wie gar nicht statt, gleiches gilt für Ressourcen. Dieses Modell wird meist dann im Alltag adaptiert, wenn die sozialpädagogischen Fachkräfte kaum bis gar nicht am Schulalltag und dessen Entwicklung interessiert sind, Wert auf beratende Einzelfallhilfe legen und von den jeweiligen Lehrkräften als Entlastung bei Problemfällen angesehen werden (vgl. SEITHE 1998, S. 46). Bei ihrer Untersuchung bezüglich der Zusammenarbeit zwischen Jugendhilfe und Schule in Thüringen musste Seithe jedoch feststellen, dass dieses theoretische Modell im Berufsalltag, zumindest auf das Bundesland Thüringen und dem Zeitraum der 1990er Jahre beschränkt, nicht adaptiert wird, was sie jedoch als positiv einstuft (vgl. 1998, S. 218).

4. Kooperationsbarrieren und Möglichkeiten, diese zu beseitigen

Empirische Studien belegen, dass die Zusammenarbeit von Schulsozialarbeiter*innen und Lehrkräften nicht zwangsläufig auf Augenhöhe verläuft (vgl. SPECK 2014, S.115). Dies wirft die Frage auf, wie Kooperationsprobleme entstehen und wie man diese zur qualitativen Weiterentwicklung der Schulsozialarbeit eingrenzen beziehungsweise ganz beseitigen kann. Lässt sich die mangelnde Zusammenarbeit nicht auf individuelle beziehungsweise personalisierte Probleme zwischen den Schulsozialarbeiter*innen und bestimmten Lehrkräften zurückführen, so gibt es verschiedene Erklärungsansätze, die sich dieser Thematik widmen (vgl. SPECK 2014, S. 115):

Als erstes ist die historisch bedingte getrennte Entwicklung von Jugendhilfe und Schule zu nennen. Diese förderte zwar die Spezialisierung von den beiden Institutionen, hat aber auch die Abschottung voneinander erleichtert (vgl. SPECK 2014, S. 115). Daher nehmen die Ausbildungen beider Professionen nur geringen Bezug aufeinander, wenn überhaupt, was letztlich zu einem Informationsdefizit der Lehrkräfte gegenüber den genauen Einsatzmöglichkeiten der Schulsozialarbeiter*innen führen kann und dieses selbst nur auf ihre eigenen, meist nicht aktuellen, subjektiven Schulerfahrungen zurückgreifen müssen, was eine gelingende Kooperation zunehmend erschwert (vgl. PFAFF/SCHMITT 2011, S. 171; SPECK 2006, S. 271). Als Beispiele wären hier die meist normativen Ansprüche der Lehrkräfte zu nennen, sich verhaltensauffälligen oder (sozial) benachteiligten Schüler*innen anzunehmen. Aber auch schlicht die Tatsache der Unwissenheit über Aufgabenfelder und Fertigkeiten der Schulsozialarbeit oder negative Prägungen der Schulsozialarbeiter*innen gegenüber dem System Schule aufgrund eigener Erfahrungen und Ängsten aus der eigenen Schulzeit.

Ebenfalls können die Unterschiede beider Berufskulturen die Zusammenarbeit erschweren. Während Sozialarbeiter*innen auf die Kooperation und Kommunikation mit weiteren Personen und Professionen angewiesen sind und diese als Teil ihres Berufsalltags verstehen, fahren Lehrkräfte eine kommunikations- und kooperationsvermeidende Strategie (vgl. SPECK 2014, S. 116). Dies ist jedoch nicht auf fehlende oder mangelnde Kompetenz in puncto Kooperation und Kommunikation von Seiten der Lehrkräfte zurückzuführen, sondern unter anderem auf die unausgesprochene Norm der Nichtwertung und der Nichteinmischung in die Arbeit der Kolleg*innen und das daraus resultierende nebeneinanderher Arbeiten als Teil ihrer Berufskultur (vgl. SPECK 2006, S. 272). Außerdem findet die Lehrertätigkeit in der Regel alleine im Klassenzimmer, verbunden mit hohen

Ansprüchen (gegebenenfalls an sich selbst) und der Angst zu scheitern, statt. Einmischung von außen kann daher bedrohlich erscheinen, erst recht von einer reflektierenden Profession wie der der Sozialen Arbeit, was ein weiterer Erklärungsansatz für mögliche Kooperationsschwierigkeiten darstellt (vgl. SPECK 2006, S. 115).

Als weiteres Hindernis gelingender Kooperation sind die asymmetrischen Verhältnisse zwischen den Lehrkräften und den Fachkräften der Schulsozialarbeit bezogen auf Hierarchie und Machtgefälle zu nennen. So sind Schulsozialarbeiter*innen zahlenmäßig deutlich unterlegen und oftmals ohne Ansprechpartner*in mit gleicher Berufsqualifikation vor Ort, werden meist deutlich schlechter bezahlt und haben kaum Chancen auf Verbeamtung, gegebenenfalls nur auf befristete Arbeitsverträge sowie immer noch ein geringeres gesellschaftliches Ansehen (vgl. SEITHE 1998, S. 47, SPECK 2014, S. 117). Außerdem ist die Institution Schule auch gleichzeitig der Ausübungsort der Lehrertätigkeit, wohingegen jener erst für Schulsozialarbeiter*innen geschaffen werden muss, da sie zunächst einmal auf Terrain agieren, das nicht zwangsläufig für sie eingerichtet und ausgelegt ist. Auch der Altersunterschied und der damit gesammelte Erfahrungsschatz ist zu beachten, da häufig (jüngere) Berufseinsteiger von Seiten der Schulsozialarbeit auf erfahrene Lehrkräfte mit längerer Berufspraxis treffen (vgl. SPECK 2014, S.117).

Auch die Überschneidung der gemeinsamen Zielgruppe und der teilweisen Aufgabengleichheit, trotz unterschiedlicher Aufträge der Institutionen Jugendhilfe und Schule, kann zu Kooperationsproblemen führen. Neben der gemeinsamen Zielgruppe der Kinder und Jugendlichen, je nach Schulart auch junge Heranwachsende, gibt es sowohl für die Lehrkräfte, als auch für die Schulsozialarbeiter*innen einen größtenteils übereinstimmenden pädagogischen Auftrag der Erziehung und Persönlichkeitsentwicklung. Gepaart mit dem eigenen (professionellen) Selbstverständnis bezogen auf die Unterstützung und Förderung des gemeinsamen Klientel, können so Konkurrenzsituationen und -gefühle entstehen, für den Fall, dass vorher keine berufliche Eingrenzung erfolgte (vgl. SPECK 2014, S. 116).

Abweichende Organisationsstrukturen können die Zusammenarbeit ebenfalls erschweren. So ist die Jugendhilfe und dementsprechend auch die Schulsozialarbeit an verschiedene gesetzliche Regelungen auf unterschiedlichen Ebenen, wie Bund, Länder und Kommunen gebunden, das schulische Bildungssystem, beziehungsweise Lehrkräfte als dessen Vertreter, primär an landesrechtliche Schul- und Bildungsgesetze. Differenzen lassen sich zudem bei strukturellen Fragen finden, so sind in der Institution Schule klare Vorgaben und

Arbeitsabläufe und geringe Gestaltungsspielräume vorzufinden, die Schulsozialarbeit hingegen ist recht flexibel, offener und weniger reglementiert. Des Weiteren vollführt die Schule eine Leistungsorientierung und die Kinder und Jugendlichen sind verpflichtet zur Schule zu gehen. Die Schulsozialarbeit orientiert sich dagegen an den Lebenswelten ihres Klientel, reduziert dieses nicht auf das bloße Schüler-Sein und setzt meist auf Angebote, deren Teilnahme freiwillig und nicht obligatorisch ist. Diese Gegensätze kollidieren im Berufsalltag und können das gemeinsame Zusammenarbeiten behindern (vgl. SPECK 2006, S.272; SPECK 2014, S. 117).

Zu beachten ist auch, wie sich bei quantitativen Befragungen ergab, dass die Lehrkräfte mit der Zusammenarbeit überwiegend zufriedener sind und waren, als die darauf angewiesenen Schulsozialarbeiter*innen. Dies behindert zwar nicht die Zusammenarbeit an sich, aber dessen positive Qualitätsentwicklung und ist somit auch als Barriere zu beachten (vgl. SPECK 2014, S. 114).

Trotz möglicher Differenzen und Hemmnisse gibt es aus der Praxis zahlreiche Belege, dass Kooperation beziehungsweise partnerschaftliches Arbeiten gelingen kann. Lassen sich (verschiedene) vorhandene Kooperationsbarrieren identifizieren, so gibt es Lösungsansätze deren Ziel es ist, diese einzuschränken oder (aus Sicht der Schulsozialarbeit favorisiert) gänzlich zu eliminieren:

Offensichtlich lässt sich die getrennte Entwicklung von Jugendhilfe und Schule nicht rückgängig machen. Möglichkeiten zu intervenieren bieten jedoch sowohl die (sich nicht aufeinander beziehenden) Ausbildungen als auch die jeweiligen Informationsstände. So wäre ein Bezug zum späteren Kooperationspartner während des Studiums (sowohl Lehramt als auch Soziale Arbeit/Sozialpädagogik) wünschenswert, aber auch gemeinsame Fortbildungen, Schulungen oder Veranstaltungen, die sich diesem Thema widmen und Wissenslücken schließen, wären eine sinnvolle Möglichkeit. Die Schulsozialarbeit steht jedoch auch in der Pflicht, beim Erkennen von Informationsdefiziten, die Lehrkräfte über ihr professionelles Handeln und ihre Positionen aufzuklären, um eine, für sie elementare, mögliche Zusammenarbeit zu bewerkstelligen. Des Weiteren müssen Schulsozialarbeiter*innen ihre eigene Schulzeit kritisch reflektieren, gegebenenfalls Vorurteile gegenüber der Institution Schule an sich, aber auch den ausführenden Lehrkräften, abbauen beziehungsweise ganz ablegen und den Auftrag der Schule anerkennen, um gelingende Kooperation zu ermöglichen (vgl. SPECK 2014, S. 120).

Unterschiede in den Berufskulturen sollten nicht defizitär bewertet, sondern als Unterschiede und Besonderheit der jeweiligen Profession eingestuft werden. Sind die potentiellen Kooperationspartner sich dessen bewusst und haben dies anerkannt, so bildet dies die Basis gelingender Zusammenarbeit. Schulsozialarbeiter*innen müssen sich außerdem der Tatsache bewusst werden, dass kritische Äußerungen nicht zum regelmäßigen Berufsalltag von Lehrkräften gehören und sie somit beim Äußern von Kritik ein hohes Maß an Sensibilität beweisen müssen (vgl. SPECK 2014, S. 120f).

Die asymmetrischen Verhältnisse selbst können von einer einzelnen Fachkraft, gleichgültig ob dem Zweig der Sozialpädagogik oder dem Lehramt entstammend, schwerlich verändert werden. Sie können jedoch auf diese in aller Vehemenz aufmerksam machen, um Träger, Politik und Gesellschaft zum Einlenken zu bewegen. So wäre ein Stellenausbau, welcher die „Einzelkämpfersituation" der Schulsozialarbeiter*innen beendet und eine Angleichung der Entlohnung sowie des gesellschaftlichen Status wünschenswert, um eine Zusammenarbeit auf Augenhöhe zu gewährleisten (vgl. SPECK 2014, S. 121).

Damit die gemeinsame Zielgruppe nicht zu Konkurrenzsituationen und -verhalten führt, gilt es im Voraus Schnittmengen der Aufgabenverteilung herauszuarbeiten und an Hand von eben diesen Kooperationsansätze zu finden. Ziel der gemeinsamen Bemühungen sollte dann die Förderungen von Kompetenz-, Identitäts- und Persönlichkeitsentwicklung sowie die schulische und außerschulische Lebensbewältigung der gemeinsamen Zielgruppe, sprich Kinder und Jugendliche, sein (vgl. SPECK 2014, S. 120).

Um die unterschiedlichen Wahrnehmungen in Bezug auf Qualität und Zufriedenheit mit der Zusammenarbeit festzustellen, bietet sich eine abschließende Evaluation des gemeinsam durchgeführten Projektes an. Hierbei können Meinungsverschiedenheiten, Wahrnehmungen und Eindrücke thematisiert und reflektiert werden, um eine qualitative Zusammenarbeit auch in Zukunft gewährleisten zu können und somit eine Anwendung des kooperativ-konstitutiven Modells der Zusammenarbeit herbeiführen (vgl. SPECK 2014, S.115).

Um Kooperationsbarrieren auf der Organisationsebene zu beseitigen bietet es sich an, eine Kooperationsvereinbarung beziehungsweise einen Kooperationsvertrag anzufertigen, welche dann die Grundlagen für die spätere Kooperation bilden. Ob man nun einen Vertrag oder eine Vereinbarung unterzeichnet, liegt letztlich an den Intentionen der Kooperationspartner, da sowohl Vertrag als auch Vereinbarung eine schriftliche

Dokumentation des Kooperationswillens sind. Der Begriff des Kooperationsvertrages betont die Rechte und Pflichten der Kooperationspartner, welche rechtlich verbindlich unterzeichnet wurden. Der Ausdruck der Kooperationsvereinbarung hingegen ist etwas allgemeiner gehalten und erhöht vermeintlich die Bereitschaft der Kooperationspartner, diesen zu unterzeichnen. Rechtlich bindend sind schließlich die inhaltlichen Punkte, die in einem Kooperationsvertrag oder einer Kooperationsvereinbarung festgehalten werden. Vertragspartner sind in der Regel das jeweilige Bundesland, da die Schule eine unselbstständige untere Landesbehörde ist und die jeweilige Schulleitung nur in Vertretung unterzeichnet sowie der Träger der Schulsozialarbeit, also entweder die Kommune beziehungsweise der Landkreis oder ein freier Träger wie beispielsweise die Caritas oder die Arbeiterwohlfahrt. Die Schulsozialarbeiter*innen sind also keine rechtlichen eigenständigen Vertragspartner, sondern Beschäftigte des Trägers, welcher der eigentliche Vertragspartner ist. Wählt man eine Kooperationsvereinbarung, so kann man in dieses Dokument sowohl die Schulsozialarbeiter*innen als auch die Schulleitung als (zentrale) Beteiligte aufnehmen, was wünschenswert wäre. In der Kooperationsvereinbarung beziehungsweise dem Vertrag können und sollen dann folgende Punkte schriftlich dokumentiert werden, so dass klare Richtlinien für die Zusammenarbeit von Lehrkräften und Schulsozialarbeiter*innen vorgegeben sind (vgl. SCHMITT 2009, S. 517-521):

Zunächst einmal sollten die Grundsätze der Zusammenarbeit und ihre Zielsetzung formuliert und verschriftlicht werden. Anschließend sollte dann ein Bezug auf die Kooperationsbereiche, gemeinsame Vorhaben und die Form und Häufigkeit des Austausches genommen werden. Wichtig ist hierbei jedoch, dass die Kooperationsbereiche nur beispielhaft beschrieben werden und nach Bedarf jeder Zeit ergänzt werden dürfen und müssen. Auch die Ressourcenregelung, wie zum Beispiel Räumlichkeiten, Finanzen und Personal, sollte erwähnt werden. Abschließend sollten noch die Punkte Datenschutz, welcher seit Inkrafttreten der Datenschutzgrundverordnung zunehmend an Bedeutung gewonnen hat, mögliche Änderungen der Vereinbarung beziehungsweise Vertrages und Laufzeit bearbeitet werden (ebd.).

Ist die Vereinbarung oder der Vertrag erst einmal unterzeichnet, so dient dieses Dokument sowohl den Lehrkräften als auch den Sozialarbeiter*innen als Orientierungshilfe und Leitbild für ihre Zusammenarbeit. Mit der Unterzeichnung endet jedoch nicht der Prozess der Entwicklung eines schriftlichen Übereinkommens, denn der Vertrag beziehungsweise die Vereinbarung ist stets weiterzuentwickeln. Als Basis der Weiterentwicklung dienen die gemeinsam gemachten Erfahrungen, welche in regelmäßigen Evaluationen kritisch reflektiert werden (ebd.).

5. Resümee

Die Pluralität unterschiedlicher Termini bezogen auf Schulsozialarbeit weist darauf hin, dass es in der Fachdiskussion kein einheitliches Verständnis für die Profession Schulsozialarbeit gibt. Je nach Auslegung werden der Hilfecharakter, die Begrenzung auf den Wirkungsort Schule sowie das (vorher eingegrenzte) Klientel unterschiedlich stark betont. Dementsprechend mangelt es bisher auch an einer anerkannten und unumstrittenen Definition. Aus den meisten lässt sich aber herauskristallisieren, dass Schulsozialarbeit der Jugendhilfe zuzuordnen, an der Institution Schule anzusiedeln ist und der Hilfe bei Problemstellungen von Schülern und Schülerinnen als eine ihrer zentralen Aufgaben angesehen und von Sozialarbeiter*innen mit sozialarbeiterischen beziehungsweise sozialpädagogischen Methoden ausgeführt wird. Ähnlich umstritten ist bis heute die genaue Rechtsgrundlage, da je nach Auslegung und Argumentation eine andere Rechtsgrundlage im Achten Sozialgesetzbuch gewählt werden kann. Die Tätigkeiten lassen sich auf bestimmte Kernaufgaben herunterbrechen, welche jedoch stets auf den vorliegenden Fall angepasst und unter Umständen verändert oder gar erweitert werden müssen. Diese Undifferenziertheit des Arbeitsfeldes Schulsozialarbeit verhindert sowohl deren notwendige Profilschärfung als auch deren Institutionalisierung. Beides wären zweifelsfrei wünschenswerte Prozesse, die sich ebenfalls positiv auf die Kooperation mit Lehrkräften auswirken können (vgl. SPECK 2014, S. 45).

Für die Zusammenarbeit mit Lehrkräften gibt es verschiedene beschreibende Modelle, welche von sporadischem Kontakt bis hin zu intensiver Zusammenarbeit reichen. So beschreibt das Distanzmodell eigentlich die ursprüngliche Form der Kooperation zwischen Jugendhilfe und der Institution Schule und aufgrund der für dieses Modell charakteristische kritische Haltung und die geringe Kontaktdichte beider Professionen, kann das Distanzmodell auch als kein Kommunikationssystem eingestuft werden (vgl. SCHMIDTCHEN 2005, S. 50). Intensiverer Kontakt, aber der Verlust an Autonomie durch die Unterordnung im System Schule charakterisieren das Integrations- beziehungsweise das Subordinationsmodell. Bei dem Modell der Subordination wird die sozialpädagogische Fachkraft als Aushilfskraft betrachtet und mit den für Lehrkräfte eher unangenehmen Aufgaben versehen. So ist hier nicht nur ein Verlust der Autonomie festzustellen, es gelingt auch nicht die Entwicklung und Etablierung eines eigenständigen Jugendhilfeprofils. Laut dem Integrationsmodell, welches auch Modell der sozialpädagogischen Schule genannt wird, ist die Schulsozialarbeit zwar immer noch den Systematiken, Hierarchien und Gedankengänge der Schule untergeordnet, aber wird als willkommene Verstärkung im schulischen Umfeld betrachtet, hat die Möglichkeit sozialpädagogisch zu intervenieren und wird auch von der Schule direkt mit sozialarbeiterischen Tätigkeiten beauftragt. Diesen Modellen ähnelt das delegative Modell nach Seithe, mit dem entscheidenden Unterschied, dass hier keine Unterordnung in das System Schule erfolgt und die Schulsozialarbeit als eigenständige Profession bestehen bleibt. Dieses Modell, welches auch als Reparaturwerkstattmodell bezeichnet werden kann, kennzeichnet sich zu dem über das Delegieren der Aufgaben und des Klientel von Seiten der Schule an die Schulsozialarbeiter*innen und dem nur gelegentlichen erfolgenden Austausch von Informationen und Ressourcen. Ihre Eigenständigkeit behält die Schulsozialarbeit auch bei den kooperativen Modellen. Diese zeichnen sich zudem über das gleichberechtigte und partnerschaftliche Verhältnis zwischen Lehrkräften und Schulsozialarbeiter*innen, regelmäßiger Kontakt und Informationsaustausch sowie das Bemühen um die (gelingende) Zusammenarbeit aus. Je nach Intensität dieses Bemühen und der Kontakthäufigkeit kann zwischen dem Kooperationsmodell mit sporadischem Kontakt sowie dem kooperativ-konstitutivem Modell unterschieden werden. Letzteres bildet sowohl für Drilling als auch für Speck den Idealtypus gelingender Kooperation aus Sicht der Schulsozialarbeit, da hierbei ein lösungsorientiertes und partnerschaftliches Handeln praktiziert wird (vgl. DRILLING 2004, S. 66; SPECK 2014, S.115). Anzumerken ist noch, dass diese kategorisierenden Modelle unterschiedliche Reichweiten und Wirkungsbereiche haben und im Berufsalltag auch als Mischverhältnisse identifizierbar sind. Weitere Entwicklungen in Richtung anderer (möglicher) Kooperationsstrukturen werden zu dem nicht ausgeschlossen (vgl. SEITHE 1998, S. 47).

Um den Erfolg der Zusammenarbeit zu sichern gilt es ebenfalls mögliche Hemmschwellen in der Kooperation zwischen Lehrkräften und Schulsozialarbeiter*innen zu identifizieren, um diese anschließend beseitigen zu können. Stört nicht ein persönliches Problem zwischen zwei Fachkräften die jeweilige Zusammenarbeit, sodass dies als Einzelfall betrachtet werden muss und nicht abstrahiert und generalisiert werden kann, lassen sich die Kooperationsbarrieren auf unterschiedliche Ebenen zurückführen. Diese sind die getrennte Entwicklung, unterschiedliche Berufskulturen, hierarchische Machtverhältnisse, unterschiedlichen Wahrnehmungen und defizitäre Informationen über die Aufgaben und

Tätigkeiten der anderen Profession und die Aufgabenüberschneidung, Unterschiede in den Organisationsstrukturen sowie die gleiche Zielgruppe, an die der pädagogische Auftrag adressiert ist. Manche dieser Kooperationsbarrieren können außerdem noch vor ihrer Entstehung präventiv beseitigt werden, wie beispielsweise vor dem Antritt einer Stelle über die genauen Tätigkeitsfelder der Schulsozialarbeit zu informieren, um so der möglichen Unwissenheit und nicht erfüllbaren Forderungen der Lehrkräfte entgegen zu wirken.

Die dargestellten Ergebnisse rechtfertigen somit die Aussage, dass Kooperation zwischen Lehrkräften und Schulsozialarbeiter*innen gelingen kann. Eine gelingende Zusammenarbeit sollte sowohl das Ziel der darauf angewiesenen Schulsozialarbeiter*innen als auch jenes der Lehrkräfte sein. Hierzu ist das (teilweise) vorhandene Misstrauen in die jeweils andere Profession abzulegen, das Bemühen um ständigen beziehungsweise regelmäßigen Kontakt und einem Informationsaustausch zu intensivieren und die gemeinsamen Handlungen kritisch zu reflektieren, um die qualitative Weiterentwicklung der angestrebten Zusammenarbeit garantieren zu können. Um dies zu erleichtern, wäre eine begriffliche Eingrenzung, einheitliche Definition, klare Rechtsgrundlage und das Bewusstsein der Tätigkeiten im Profil Schulsozialarbeit, eine finanzielle und gesellschaftliche Angleichung beider Professionen von Seiten der Wissenschaft, des Studiums der Sozialen Arbeit und des Lehramtes, der Gesellschaft, der Politik und des Trägers gleichermaßen erstrebens- und wünschenswert.

6. Literaturverzeichnis

ABELS, Heinz 1971: Schulsozialarbeit. Ein Beitrag zum Ausgleich von Sozialisationsdefiziten. In: Soziale Welt, 28,3 , S.347-359.

BOLAY, Eberhardt 2004: Überlegungen zu einer lebensweltorientierten Schulsozialarbeit. In: GRUNWALD, Klaus/THIERSCH, Hans (Hrsg.): Praxis Lebensweltorientierter Sozialer Arbeit. Handlungszugänge und Methoden in unterschiedlichen Arbeitsfeldern. Weinheim/München, S.147-162.

BUNDESMINISTERIUM FÜR FAMILIE, SENIOREN, FRAUEN UND JUGEND (Hrsg.) 2013: 14. Kinder- und Jugendbericht. Bericht über die Lebenssituation junger Menschen und die Leistungen der Kinder- und Jugendhilfe in Deutschland. Berlin, BT-Drucksache 17/12200.

DRILLING, Matthias 2004: Schulsozialarbeit: Antworten auf veränderte Lebenswelten. Bern, 3. aktualisierte Auflage.

KRÜGER, Rolf 2009: Entwicklung und Rahmenbedingung der Schulsozialarbeit. In: HENSCHEL, Angelika u. a. (Hrsg.): Jugendhilfe und Schule. Handbuch für eine gelingende Kooperation. Wiesbaden, 2. Auflage, S. 152-164.

KOMMUNALVERBAND FÜR JUGEND UND SOZIALES BADEN-WÜRTTEMBERG, DEZERNAT JUGEND – LANDESJUGENDAMT (Hrsg.) 2018: Förderung der Jugendsozialarbeit an öffentlichen Schulen. Kennzahlen und Ausbaustand der Schulsozialarbeit in Baden-Württemberg im Schuljahr 2016/2017. https://www.kvjs.de/fileadmin/dateien/jugend/kinder_und_jugendarbeit_jugendsozialarbeit /schulsozialarbeit/Strukturbericht_JSA_2018.pdf, 27.02.2019.

MAAS, Henry S. 1966: Für die soziale Einzelfallhilfe grundlegende Begriffe. FRIEDLÄNDER, Walter A./PFAFFENBERGER Hans (Hrsg.): Grundbegriffe und Methoden der Sozialarbeit. Neuwied, S. 55-56.

PFAFF, Jörg/SCHMITT, Bernd 2011: Kooperationsbedingungen von Jugendhilfe und Schule an einer Haupt- und einer Förderberufsschule in Bayern. In: GEILING, Wolfgang/SAUER, Daniela/RAHM, Sibylle (Hrsg.): Kooperationsmodelle zwischen Sozialer Arbeit und Schule. Ressourcen entdecken. Bildungschancen gestalten. Bad Heilbrunn, S. 170-181.

SCHMITT, Christof 2009: Kooperationsvereinbarungen als Baustein gelingender Kooperationen. In : HENSCHEL, Angelika u. a. (Hrsg.): Jugendhilfe und Schule. Handbuch für eine gelingende Kooperation. Wiesbaden, 2.Auflage, S. 517-526.

SCHMIDTCHEN, Sybille 2005: Integrierte Schulsozialarbeit als Subsystem von Schulentwicklung. Theoretische Analyse zu systemischen Herausforderungen und empirische Befunde zu Lehrereinstellungen. Göttingen.

SEITHE, Mechtild 1998: Abschlussbericht der wissenschaftlichen Begleitung des Landesprogramms „Jugendarbeit an Thüringer Schulen". Bildungswerk für Friedenserziehung und Jugendarbeit. Jena.

SPECK, Karsten 2006: Qualität und Evaluation in der Schulsozialarbeit: Konzepte, Rahmenbedingungen und Wirkungen. Wiesbaden.

SPECK, Karsten 2014: Schulsozialarbeit: Eine Einführung. München, 3. überarbeitete und erweiterte Auflage.

SPIES, Anke/PÖTTER, Nicole 2011: Soziale Arbeit an Schulen. Einführung in das Handlungsfeld Schulsozialarbeit. Wiesbaden.

WULFERS, Wilfried 1996: Schulsozialarbeit: Ein Beitrag zur Öffnung, Humanisierung und Demokratisierung der Schule. Hamburg.